Thierry DUC

Docteur ès Lettres

Les Misérables

de Victor Hugo

En un clin d'œil !

Avertissement

La collection « En un clin d'oeil » se propose de remplir une double fonction *:* offrir à l'esprit curieux un aperçu rapide *d'une œuvre importante de la littérature,* offrir à l'étudiant ou au collégien les principales clés *pour la compréhension d'une œuvre au programme.*

La lecture de cet ouvrage ne doit donc pas se substituer à celle de l'œuvre originale : *elle permettra au contraire d'en comprendre les enjeux et d'en apprécier davantage les saveurs.*

« *La lecture est une porte ouverte
sur un monde enchanté* »

François Mauriac

Pour mieux lire

Bookie adore dévorer les livres : il vous donnera des détails, et rendra votre lecture plus plaisante.

L'intello, c'est Clever : il vous dira ce qu'il faut absolument retenir !

Caractères bleus pour approfondir, voir l' Annexe.

Plan de l'étude :

Biographie de Victor Hugo

Victor Hugo est un des plus grands écrivains du XIXème Siècle. Engagé socialement et politiquement, il joua un rôle clé dans l'avènement du **romantisme**, dont il est l'une des plus grandes figures. Auteur de *Notre-Dame de Paris*, des *Misérables* (romans), aussi bien que d'*Hernani* (théâtre) ou des *Contemplations* (poèmes).

Victor Hugo par Nadar

Né à Besançon (26/02/**1802**), mort à Paris (22/05/**1885**). Dernier-né d'une famille de trois enfants, Victor Hugo est élevé principalement par sa mère Sophie, son père est un général de l'armée napoléonienne. Ecrivain précoce, il publie ses premiers poèmes (*Odes*) dès 19 ans :

Il se marie à 20 ans avec Adèle Foucher : ils auront cinq enfants. A 25 ans, il publie pour le théâtre *Cromwell*, puis *Hernani*. Il s'affranchit des règles du théâtre classique, ce que ne lui pardonnent pas ses adversaires. C'est la « <u>bataille d'Hernani</u> ».

En 1831, il publie *Notre-Dame de Paris*, roman historique à sujet médiéval et grand succès de librairie. En 1833, il s'éprend de Julie Drouet, comédienne : ils resteront amants jusqu'à la mort de l'écrivain.

Election à **l'Académie Française en 1841**, puis décès tragique de sa fille Léopoldine en 1843, qui l'affecte énormément. Il composera les poèmes « A villequier » ou encore « Demain, dès l'aube » en sa mémoire.

Elu député à l'Assemblée Constituante de 1848 dans le camp des Républicains, il condamne le coup d'Etat de Louis-Napoléon (neveu de Bonaparte), et est contraint à **l'exil (Belgique puis Jersey et Guernesey)**. Mais en 1870, c'est la **proclamation de la République : Hugo rentre triomphalement à Paris**. Il est à nouveau élu à l'Assemblée Nationale en février 1871, puis au Sénat en 1876.

A 75 ans, il publie *La Légende des siècles*. A 83 ans, en 1885, il meurt d'une congestion pulmonaire. **Funérailles nationales**, puis sa dépouille est portée au **Panthéon**, devant une foule de deux millions de personnes.

Rapide bibliographie de Hugo

Contexte

En France, à la **publication des *Misérables* en 1862**, c'est le Second Empire. Dans la première moitié du XIXème Siècle, la révolution industrielle transforme la société : principalement agricole elle devient assez rapidement industrielle et commerciale (même si l'agriculture reste importante). Ce **bouleversement social**, s'il fait la fortune d'une partie de la classe bourgeoise, plonge parfois le peuple dans des conditions de vie miséreuses. Par ailleurs, l'Ancien Régime n'est pas loin, les **bouleversements politiques** se sont succédé (Révolution, Consulat, Premier Empire, Restauration, Monarchie de Juillet, Deuxième République, Second Empire). Enfin, le Romantisme apporte des **bouleversements dans l'art**.

VICTOR HUGO

LES

MISÉRABLES

PREMIÈRE PARTIE

FANTINE

I

PARIS
PAGNERRE, LIBRAIRE-ÉDITEUR

Couverture des Misérables, tome I, en ligne sur le site Gallica (voir Liens utiles)

Résumé

Paru en 1862, Les Misérables, roman à la fois social, historique et philosophique est considéré par Victor Hugo lui-même comme un de ses textes majeurs. Il y décrit la vie misérable du peuple dans la France du début du XIXème Siècle, entre deux événements historiques : la bataille de Waterloo (1815) et les émeutes de juin 1832. Jean Valjean est à la fois le personnage principal et le fil conducteur du roman, constitué de 5 tomes

Tome I : Fantine

Monseigneur Myriel, évêque de Digne, incarne les vertus chrétiennes. Ses pas croisent ceux de Jean Valjean, un forçat qui avait été condamné au bagne dix-neuf ans auparavant pour le vol d'un pain qu'il destinait à nourrir sa famille. Ses tentatives d'évasion lui avaient valu différentes prolongations de peine, faisant de lui un être pétri de haine. Nous sommes en 1815, et Jean Valjean, libéré mais rejeté de tous, trouve asile chez Mgr Myriel, qui le traite en égal. Hanté par ses démons, Jean Valjean va néanmoins voler au prêtre deux candélabres d'argent avant de s'enfuir. Arrêté par la police et reconduit auprès de l'évêque, il a la surprise de voir que le saint homme déclare aux autorités avoir fait cadeau à l'ancien forçat de l'argenterie : il lui évite ainsi une condamnation pour récidive. Plus encore, il lui offre deux chandeliers supplémentaires, lui demandant de trouver désormais le chemin de la vertu. Jean Valjean quitte Digne, mais, sans le vouloir et à la suite d'un malheureux concours de circonstances, vole 40 sous à Petit Gervais, un jeune ramoneur savoyard. Le vol est déclaré, et Jean Valjean devra désormais cacher son identité.

Il entame une lente métamorphose, sur la voie du Bien, et sous le nom de M.

Madeleine, fait fortune – honnêtement – et devient maire de Montreuil-sur-mer.

En même temps que Jean Valjean – M. Madeleine s'élève, nous assistons à la chute de Fantine. Fille-mère, elle doit élever seule sa fille Cosette. A bout de forces, elle la confie à une aubergiste, la Thénardier, qui maltraite l'enfant. Au terme d'un pénible parcours, elle est recueillie par M. Madeleine, mais elle mourra bientôt.

L'inspecteur Javert, cependant, a cru reconnaître dans M. Madeleine l'ancien bagnard Valjean. Ce dernier apprend qu'au Tribunal d'Arras, un malfaiteur un peu simple d'esprit, Champmathieu, est soupçonné de dissimuler son identité : on croit reconnaître en lui l'ancien bagnard en fuite. Afin d'éviter au malheureux une injuste condamnation, et au terme d'une affreuse nuit de réflexion, M. Madeleine décide d'avouer sa véritable identité. Il est alors à nouveau condamné, confié à l'inspecteur Javert, mais il parvient à s'enfuir : il entend dorénavant respecter la promesse qu'il a faite à Fantine, de sauver Cosette.

Tome II : Cosette

Sous un prétexte ténu – le soldat Thénardier, 7 ans plus tôt, aurait sauvé un colonel d'Empire, le baron de Pontmercy, après la bataille de Waterloo – Victor Hugo brosse un tableau épique de cette fameuse bataille qui conduit Napoléon 1er – personnage qu'Hugo admire - à sa chute.

Puis nous retrouvons Jean Valjean, qui est repris à Paris et conduit aux galères, non sans être parvenu à dissimuler une importante quantité d'argent dans le bois de Monfermeil. C'est tout près de là que se trouve la maison des Thénardier. Jean Valjean parvient à s'échapper, repart à la recherche de Cosette, la trouve et se réfugie avec elle dans la maison Gorbeau, au cœur d'un des quartiers mal famés de Paris. Javert malgré tout parvient à pister sa trace: Jean Valjean parviendra, au terme d'une poursuite nocturne dans Paris, à se réfugier dans le couvent du Petit Picpus. Or, par un hasard miraculeux, il avait lorsqu'il était maire de Montreuil-sur-mer sous le nom de M. Madeleine, sauvé la vie d'un homme qui se trouve être aujourd'hui jardinier du couvent. Il peut dès lors organiser sa propre fausse inhumation et revenir officiellement au couvent en tant que frère du jardinier, après avoir tout expliqué à la mère supérieure. Il s'occupera dorénavant de Cosette, à l'abri des forces de police.

Victor Hugo nous livre dans ce tome une réflexion nuancée sur la **vie monastique**, et fait l'apologie de la méditation et de la vraie foi. Certains lui ont toutefois reproché le facile recours à quelques **ficelles dramatiques** dignes des feuilletonistes d'alors (Alexandre Dumas, Eugène Sue, Frédéric Soulié), par exemple pour l'épisode de la fausse inhumation.

Tome III : Marius

1830. Gavroche est un enfant misérable, un « gamin de Paris », malingre à cause des privations qu'il subit, et en même temps d'une grande maturité, celle que lui a donné la fréquentation des rues. Il est présenté comme le fils des Jondrette, qui habitent la maison Gorbeau.

Gavroche a pour voisin Marius, fils de Georges Pontmercy (le colonel d'Empire, voir tome 2), mais élevé par son grand-père,

M. Gillenormand, un homme de l'Ancien Régime ennemi de Napoléon. Gillenormand a exigé de Pontmercy qu'il disparaisse, sous peine de déshériter Marius. Pontmercy cependant n'a jamais totalement perdu contact, et à sa mort, Marius découvre les divergences politiques entre son père et son grand-père : Il s'enfuit pour mener une vie d'étudiant pauvre à Paris. Là, il rencontre quelques étudiants radicaux, menés par Enjolras, puis fait la connaissance de Cosette, dont il tombe aussitôt amoureux.

Jean Valjean empêche les deux amoureux de se revoir. Pourtant, Jean Valjean et Marius vont se croiser chez les Jondrette, alors que l'ancien forçat effectue une visite de charité. Nous apprenons qu'en fait les Jondrette ne sont autres que les Thénardier : après le départ de Jean Valjean, Thénardier, qui a découvert que son bienfaiteur souhaite lui aussi dissimuler son identité, décide de préparer un plan pour le voler. Marius informe alors la police du danger : c'est Javert qui prend l'affaire en main. Les Thénardier sont emprisonnés, mais Valjean doit disparaître avant d'être reconnu.

Accrochez-vous ! Il y a cinq tomes, l'histoire est complexe …

Tome IV : L'idylle de la rue Plumet et l'épopée rue Saint-Denis

Marius retrouve la trace de Jean Valjean et de Cosette par l'entremise de la fille Thénardier, Eponine. Il déclare son amour à Cosette, mais là encore Jean Valjean s'interpose, et déclare qu'il veut partir pour l'Angleterre. Le jeune homme, désespéré, rejoint sur les barricades un mouvement d'insurrection politique mené par ses amis étudiants.

L'insurrection fait rage. Les principaux personnages s'effacent au profit de la description du peuple de Paris. Hugo montre alors tout son talent à décrire les foules plus que les individus, les actions plus que les sentiments. Au bout du compte, tous les acteurs se retrouvent près des barricades. Enjolras, , Gavroche, Marius, … On découvre Javert parmi les insurgés : c'est assurément un espion, il est fait prisonnier. Cependant, sur une charge de l'armée, Eponine sauve la vie de Marius en se jetant sur lui pour le protéger des coups de feu. Elle a le temps de donner à Marius une lettre de Cosette, avant d'expirer. Marius rédige un petit mot pour Cosette, et demande à Gavroche de le lui porter, mais Jean Valjean parvient à prendre connaissance de la missive, et décide, pour sa fille, de sauver l'amoureux. Il se rend lui aussi près de la rue Saint-Denis.

Tome V : Jean Valjean

Ce tome est consacré à la réhabilitation, puis à la mort de l'ancien bagnard. Arrivé près des barricades, Jean Valjean parvient à libérer Javert, qui sans lui aurait été tué, puis à emporter Marius, blessé, à travers les égouts. Javert retrouve les deux fuyards, les arrête, mais accepte finalement de relâcher Valjean pour qu'il mène Marius mourant auprès de son Grand-père. Déchiré entre son devoir et la dette qui le lie à Valjean, Javert se suicide en se jetant dans la Seine.

Marius guérit finalement de ses blessures et avec l'accord finalement obtenu de Gillenormand et de Valjean, se marie avec Cosette. Jean Valjean lui révèle cependant sa fausse identité, et son passé au bagne. Marius et Jean Valjean s'accordent finalement pour que ce dernier s'arrange pour s'éloigner progressivement du couple, jusqu'à disparaître. Jean Valjean, accablé, déprimé, se réfugie chez lui dans l'attente de la mort.

Marius est toutefois détrompé, à la toute fin du roman, par Thénardier, et il apprend que c'est Jean Valjean qui lui a sauvé la vie. Il propose alors à Cosette de rendre visite à son père adoptif. Le couple arrive juste avant que Jean Valjean rende son dernier soupir, apaisé par cette réconciliation et enfin réhabilité.

Analyse des personnages

De très nombreux personnages traversent *Les Misérables*, un vrai régal ! On ne peut pas les détailler tous, il y en a bien trop ! ... Voici les principaux :

Jean Valjean :

Fil conducteur de l'œuvre Jean Valjean aurait pu simplement être l'incarnation du forçat victime de la société, à la recherche de sa réhabilitation. Mais sous la plume d'Hugo, il est bien plus que cela, à la fois le fil rouge du roman et un symbole.

Son forfait était bien léger : il avait volé un pain pour nourrir sa famille. Et cependant, une société implacable condamne cet homme du peuple de la plus sévère manière. Il trouve le salut non pas dans la prison, mais dans sa rencontre avec l'évêque de Digne. Il veut dès lors s'élever vers le Bien.

Condamné à se cacher sous diverses identités (M. Madeleine, M. Leblanc) car sans cesse rattrapé par son passé, il ne cessera de faire preuve de générosité. Cosette, qu'il recueille, devient sa raison de vivre. Lorsque Marius tombe amoureux d'elle, Jean Valjean est d'abord aveuglé par une forme de jalousie. Mais bientôt il comprend la profondeur de l'amour de sa fille adoptive, et se sacrifie pour qu'elle puisse vivre son bonheur. Il mourra auprès des siens, finalement réhabilité et apaisé.

A travers les péripéties de sa vie mouvementée, Jean Valjean, accablé par le destin mais se relevant sans cesse, faisant preuve d'un comportement toujours exemplaire, devient le symbole d'une humanité généreuse : souffrante, *misérable*, mais capable de grandeur.

Cosette :

Fille de Fantine, mère célibataire miséreuse et rejetée par la société, elle est confiée aux Thénardier, un infâme couple d'aubergistes qui la maltraitent. Elle est donc frappée par la misère dès la naissance. Sa mère doit payer toujours plus pour une pension qui ne dispense pas la fille des pires corvées.

Heureusement, Cosette va croiser la route de Jean Valjean, qui, suite à une promesse faite à Fantine mourante, la rachète aux Thénardier et l'adopte.

Elle vivra quelques moments de bonheur auprès de son père adoptif, en particulier au couvent Picpus, malgré l'incessante nécessité de fuir les autorités à cause du passé de Jean Valjean.

Elle fera finalement la rencontre de Marius, un véritable coup de foudre. Jean Valjean parvient provisoirement à éloigner les deux amants, qui finalement vont se retrouver grâce à Eponine, la fille des Thénardier, qui confie à Marius une lettre de Cosette au moment d'expirer lors des émeutes de 1832. Cosette et Marius obtiennent finalement l'accord de leurs pères respectifs pour se marier. Jean Valjean devient petit à petit un obstacle à l'épanouissement de Cosette, qui n'a d'yeux que pour son mari. Lorsqu'elle s'aperçoit enfin de l'étendue des sacrifices qu'a consentis son père adoptif, elle se rend à son chevet, mais c'est pour le voir mourir, après toutefois qu'il lui ait pardonné.

Cosette est devenue dans l'imaginaire populaire le symbole de l'enfance maltraitée, soumise par les adultes à des tâches ménagères excessives.

Marius :

Marius est le fils de Georges Pontmercy, colonel dans l'armée napoléonienne. Alors que ce dernier, gravement blessé, agonisait sur le champ de bataille, Thénardier, qui voulait le détrousser, en vient à le sauver. Marius aura de son père une image très dégradée durant toute son enfance. En effet, Gillenormand, son grand-père maternel, va exercer sur Pontmercy un chantage pour obtenir de lui qu'il ne voie plus son fils, et ne cessera de le dévaloriser aux yeux de Marius.

Malgré tout, par une suite de hasards heureux, Marius va découvrir que son père l'aimait, qu'il l'observait souvent en cachette dans l'église Saint-Sulpice, qu'il ne l'a jamais oublié. Malheureusement, il ne pourra revoir son père vivant. Il s'intéresse alors à l'histoire de l'Empire et devient finalement bonapartiste. Il s'oppose frontalement à son grand-père royaliste, s'en éloigne et vit une vie d'étudiant en droit dans un quartier misérable de Paris.

Un jour de promenade dans les Jardins du Luxembourg, Marius rencontre Cosette et en tombe éperdument amoureux. Gillenormand tout autant que Jean Valjean, pour des raisons différentes, s'opposent au mariage. Marius, désespéré, va alors braver la mort sur les barricades, au côté de ses amis étudiants, lors des émeutes de juin 1832.

Blessé, il est secouru et sauvé par Jean Valjean, qui a finalement compris l'importance des sentiments des deux jeunes amants.

Une fois le mariage célébré – Gillenormand a cédé – Marius va pousser Valjean à ne plus revoir sa fille adoptive : il a appris le passé trouble de son beau-père. Heureusement, Thénardier va, à la fin du roman, lui apprendre qu'il doit la vie à Valjean. Il se rend à son chevet avec Cosette, et trouve le pardon de l'ancien forçat juste avant que ce dernier ne meure.

On peut lire dans Marius un portrait de Victor Hugo à vingt ans. Portrait physique, mais surtout portrait moral – ignorant et idéaliste, chaste, passionné, aux engagements politiques forts.

Javert :

Javert est un personnage tout entier porté par le respect de la loi et de l'autorité. Ses parents, personnages miséreux, ont été emprisonnés et il veut se distinguer d'eux dans l'exercice rigoureux de sa profession d'inspecteur. Il applique la loi dans toute sa rigueur, au risque de se faire complice de certaines injustices morales. C'est ainsi qu'il fait sans pitié emprisonner Fantine, ou qu'il poursuit sans relâche Jean Valjean, alors sur le chemin de l'expiation et de la réhabilitation.

Vers la fin du roman cependant, alors qu'il tient Jean Valjean à sa merci, il comprend que tout l'édifice moral sur lequel il a fondé sa vie s'écroule : il pensait qu'il n'y avait pas de réhabilitation possible pour les criminels, et il voit le chemin parcouru par l'ancien bagnard. Il accepte alors de relâcher son prisonnier, et ne trouve d'autre voie que le suicide : il se jette dans la Seine.

Les Thénardier :

Les Thénardier sont un couple d'aubergistes, malhonnêtes, malfaisants, fourbes. Le père, simple soldat et détrousseur de cadavres sur les champs de bataille, se fera passer pour le sauveur du colonel Pontmercy à Waterloo et sera nommé sergent. Lui et sa femme auront cinq enfants, trois garçons (dont deux seront vendus, le troisième, Gavroche, étant livré à lui-même), et deux filles, Eponine et Azelma.

En charge de Cosette, que Fantine leur a confiée, les Thénardier la maltraitent. Puis à la mort de sa mère ils la vendent à Jean Valjean.

Après la faillite de leur auberge de Montfermeil, les Thénardier migrent à Paris, où ils vivent de vols, d'escroqueries, d'agressions allant jusqu'à l'assassinat. C'est le prétexte, pour Hugo, de décrire les bas-fonds parisiens, et aussi de présenter ses thèses sur les causes sociales de la délinquance.

Après le décès de sa femme, Thénardier migrera en 1833 aux Etats-Unis, où il deviendra négrier.

Les Thénardier, mari et femme, sont devenus des <u>archétypes</u>: des êtres humains durs, avares, cupides et sans morale. Hugo laisse entendre toutefois que leur comportement moral peut être la conséquence de leur misère.

Gavroche :

Né en 1820, Gavroche est le troisième enfant des Thénardier. Il est rejeté par sa famille, sa mère n'aimant pas les garçons. Il survit alors dans les rues de Paris, fréquentant des bandes de malfrats : il semble heureux, mange quand il le peut, s'habille de guenilles, mendie à l'occasion, mais il a le cœur pur. Ce personnage sympathique, qui offre l'avantage pour Hugo de parcourir sans cesse les bas quartiers et de parler l'argot, possède l'innocence des enfants. Engagé aux côtés des émeutiers en juin 1832, il meurt en tentant de chercher au pied des barricades quelques cartouches pour les donner à ses camarades.

Gavroche est devenu, lui, l'archétype du « Gamin de Paris », pauvre, errant dans les rues, mais heureux et plein de vie.

Extraits

I / « 1830 est une révolution arrêtée à mi-côte. [...]

Qui arrête les révolutions à mi-côte ? La bourgeoisie.

Pourquoi ?

Parce que la bourgeoisie est l'intérêt arrivé à satisfaction.[...]

On a voulu, à tort, faire de la bourgeoisie une caste. La bourgeoisie est tout simplement la portion contentée du peuple. Le bourgeois, c'est l'homme qui a maintenant le temps de s'asseoir. Une chaise n'est pas une caste. »

(Quatrième partie, Livre premier, chapitre II).

Voici l'exemple d'une des analyses socio-politiques de Hugo, qui nourrissent le texte.

II / « Au moment où Gavroche débarrassait de ses cartouches un sergent gisant près d'une borne, une balle frappa le cadavre.

Fichtre ! fit Gavroche. Voilà qu'on me tue mes morts.

[…]

Je suis tombé par terre,

C'est la faute à Voltaire,

Le nez dans le ruisseau,

C'est la faute à … [Rousseau]

Il n'acheva point. Une seconde balle du même tireur l'arrêta court. Cette fois il s'abattit la face contre le pavé, et ne remua plus. **Cette petite grande âme venait de s'envoler. »**

(Cinquième partie, Livre premier, chapitre XV).

La mort de Gavroche, épisode célèbre, alors qu'il chante une chanson … non moins célèbre !

III / « Tant qu'il existera, par le fait des lois et des mœurs, une damnation sociale créant artificiellement, en pleine civilisation, des enfers, et compliquant d'une fatalité humaine la destinée qui est divine ; tant que les trois problèmes du siècle, la dégradation de l'homme par le prolétariat, la déchéance de la femme par la faim, l'atrophie de l'enfant par la nuit, ne seront pas résolus ; tant que, dans de certaines régions, l'asphyxie sociale sera possible ; en d'autres termes, et à un point de vue plus étendu encore, tant qu'il y aura sur la terre ignorance et misère, des livres de la nature de celui-ci pourront ne pas être inutiles. »

(« *Hauteville House [où réside Hugo en exil à Guernesey], 1862* »)

A lire attentivement : ces quelques lignes montrent bien l'ambition du roman *Les Misérables* dans l'esprit de Hugo

Comprendre l'œuvre / Clés de lecture

Le roman *Les Misérables* peut être tantôt considéré comme un roman historique, un roman à thèse, un roman social et politique … C'est aussi un hymne à l'amour, à la générosité. C'est une œuvre complexe, aux multiples facettes, aux multiples clés d'interprétation.

Le Peuple : Il est un personnage dont nous n'avons pas encore parlé : le peuple. Les Misérables, c'est **l'épopée du peuple**, toujours présent dans le texte derrière les destins individuels, qui le décrivent en somme. Le roman est parfois naïf, parfois déclamatoire, souvent indigné, toujours généreux.

Les Misérables nous offre tout d'abord une description précise, Balzacienne au moins au début du roman, de la vie du peuple, en France et à Paris, dans la première moitié du XIXème Siècle. Si le roman a rencontré un tel succès, c'est en partie grâce à la qualité et la fidélité de ses descriptions, tant des lieux que des personnages.

L'Histoire : Le contexte politique, dans les années 1830, joue évidemment un rôle important : c'est la fin de l'Empire, Louis XVIII revient sur le trône, puis Louis-Philippe d'Orléans, qui instaure la Monarchie de Juillet. Mais le monarque devient impopulaire au point que le pouvoir est secoué par de nombreuses émeutes, dans un contexte économique très difficile pour le peuple,

On trouve dans *Les Misérables* la description de **deux moments-clés de l'Histoire**, qui encadrent le récit : **la bataille de Waterloo**, et **les émeutes de juin 1832** à Paris. Pour Hugo, la défaite de Waterloo est d'une importance capitale, dans la mesure où le congrès de Vienne qui s'est ensuivi a débouché sur un remodelage de l'Europe. Quant aux émeutes, elles résonnent pour l'auteur à la fois comme l'expression nécessaire et compréhensible du peuple, et en même temps comme une sorte d'injustice pour le régime de Louis-Philippe, dont il veut gommer les maladresses ou les fautes. Ces deux épisodes constituent deux grands tableaux, peints par Hugo avec brio, d'une **tonalité épique**.

De même le passage de la traversée des égouts de Paris (« L'intestin de Leviathan »), la lutte de Javert entre son attachement à la loi et son souci de justice, ou enfin les déchirements de Jean Valjean entre le bien et le mal au début du roman puis son désir de rachat par la suite, tout ceci confère au roman une dimension épique incontestable.

La religion : La religion est omniprésente dans le texte. Ce peut être cet épisode du début du texte, où Mgr Myriel montre par son comportement à Jean Valjean ce que devra être sa propre conduite. Ou encore, la description de la vie au couvent Picpus et les longues digressions philosophiques sur la vie monacale. On peut aussi parler de Mabeuf, le prêtre de l'église Saint-Sulpice qui recueille les confessions de Pontmercy, et les livre plus tard à son fils, réparant ainsi une injustice.

Mais la religion est aussi présente en filigrane dans de nombreux passages descriptifs, dans l'approche même de la thématique de la misère, cœur du roman.

Enfin, la religion est évidemment sous-jacente au principal ressort moral du héros Jean Valjean, ce formidable désir de rédemption, et au travers des voies empruntées pour l'atteindre, celles du sacrifice.

L'amour : on peut parler ici des amours déçues de Fantine et d'Eponine, l'une abandonnée par le père de sa fille, l'autre délaissée par Marius qui en aime une autre. On peut parler, encore, de l'amour dans son sens chrétien, celui que Mgr Myriel, au début du roman, manifeste pour son prochain, en l'occurrence Jean Valjean. Mais on s'étendra plus volontiers sur le personnage du forçat, au début un homme pétri de haine, qui au fil du roman, à force d'aimer les autres deviendra meilleur lui-même. C'est d'ailleurs son amour pour Cosette, en particulier, sa fille adoptive, qui le poussera à ses plus belles abnégations. Enfin, n'oublions pas l'amour passionné, l'amour partagé, celui qui emporte Marius et Cosette dans son tourbillon. Cet amour poussera le couple à retourner vers Jean Valjean, et à lui pardonner son passé comme lui leur pardonne leurs erreurs. Ainsi, **l'amour est** ici indissociable de la compassion : partager les souffrances de l'autre, pour mieux les aimer, c'est sans doute une des leçons des *Misérables*

La mort : En contrepoint de l'amour, la mort est souvent présente. Parfois elle survient en raison de la pauvreté, de l'indigence des personnages, une misère injuste, qui ne récompense par la droiture morale des victimes (Fantine). Elle est parfois aussi épique comme nous l'avons vu, lorsqu'elle survient sur les barricades (Enjolras, Gavroche). Mais on ne peut oublier la mort volontaire, celle de Javert, qui trouve là une échappatoire à son dilemme moral. Enfin il y a la mort apaisée de Jean Valjean, l'aboutissement d'une vie où le forçat, par sa vertu, obtient de ses proches une réhabilitation qui n'est pas venue de la société.

Le discours social : Assurément, **le principal sujet de l'œuvre est son discours social**. Pour Hugo, les principales causes de l'indigence morale sont la misère sociale et un système judiciaire sans empathie, uniquement répressif. Victor Hugo croit aux vertus de l'éducation et du respect des personnes, seul moyen selon lui de conduire les misérables vers le bien. Il montre combien la rigueur aveugle de la justice peut conduire à la déchéance, tandis que la générosité conduit à la rédemption.

Un mot sur le langage : Victor Hugo, membre de l'Académie Française, parvient à livrer à ses lecteurs la crudité du langage populaire en même temps que ses richesses. L'argot en particulier, dans la bouche de Gavroche, prend toute sa saveur et sa verve. Hugo utilise ainsi un langage qui peut sembler exotique parfois, mais qui n'est au contraire que réaliste eu égard au sujet qu'il traite : utiliser **toutes les richesses de la langue** pour mieux traiter son sujet, n'est-ce pas le propre de l'écrivain ?

Pas trop compliqué ? Ces thèmes sont parmi les plus importants dans *Les Misérables*. S'il fallait n'en retenir qu'un, ce serait celui du discours social de Hugo !

Mais vous en retiendrez plusieurs, non ☺ ?

Réception

Victor Hugo, considéré en 1831 déjà comme l'un des plus grands écrivains français, avait signé avec son éditeur un contrat de 300.000 francs pour la livraison des *Misérables*, une vraie fortune pour l'époque. Le roman, en 1832, a été lancé au terme de ce que nous appellerions aujourd'hui une véritable « campagne de communication » : publicité dans les quotidiens, extraits choisis, critiques flatteuses. Il n'est pas paru en feuilleton, mais dans une édition à bas prix, pour favoriser la diffusion du texte dans les milieux populaires.

Les écrivains et critiques sont assez divisés sur son travail. On juge l'œuvre tantôt sentimentale à l'excès, tantôt dangereuse par son contenu, tantôt même immorale.

Cependant **le roman recueille un grand succès populaire**, et bientôt traduit en plusieurs langues, enthousiasme les lecteurs étrangers.

De multiples adaptations cinématographiques ou télévisuelles de cette œuvre ont été réalisées, plus de quarante ! Parmi les plus récentes, la version cinéma de Claude Lelouch en 1995, celle de Tom Hooper en 2012. A la télévision, Josée Dayan signe en 2000 une version avec Gérard Depardieu interprétant Jean Valjean.

Malgré une réception plutôt mitigée de la part du milieu littéraire, Victor Hugo remporte un grand succès auprès de ses lecteurs. L'œuvre est devenue l'un des monuments de la littérature française, et a fait l'objet d'un nombre impressionnant d'adaptations.

Rapide bibliographie

Annette Rosa, *Présentation des Misérables -* Œuvres complètes/Victor Hugo. II

Hubert de Phalèse, *Dictionnaire des Misérables*, Nizet

Gaillard, Victor Hugo : Les Misérables, Bordas

Laffont-Bompiani, *Dictionnaire encyclopédique de la littérature française*, Robert Laffont, coll Bouquins

Sur internet, citons la rapide étude du site Ala lettre : *http://www.alalettre.com/victor-hugo-oeuvres-miserables.php*

Annexes

Romantisme : A partir de la fin du XVIIIème Siècle, d'abord en Angleterre et en Allemagne puis en France, ce courant d'idées privilégie le sentiment sur la raison. C'est une réaction au classicisme et aux Lumières (XVIIIème Siècle). Il touche toutes les formes de l'art : la littérature, ma peinture, la musique … Il privilégie des thèmes comme la nature, le rêve, l'infini, l'importance du sentiment, l'exotisme historique et géographique.

Le romantisme est un des mouvements littéraires les plus populaires. Il a assurément permis une ouverture vers des domaines inexplorés de l'âme humaine. Retour

La bataille d'Hernani : Alors que c'est dans le genre théâtral que se manifestent le plus les carcans du classicisme, certains auteurs comme Hugo, Sainte-Beuve ou Vigny signent des manifestes qui fixent les aspirations nouvelles. Hugo participe au Cénacle, un groupe d'écrivains engagés dans la bataille du romantisme. En 1830, Victor Hugo parvient à faire représenter la pièce *Hernani*, malgré les hésitations des comédiens et les oppositions des classiques. La pièce, qui remet par exemple en cause la règle classique des trois unités (unité de lieu, de temps et d'action) est applaudie. « La brèche est ouverte, nous passerons », dit Hugo. Retour

Feuilletonistes : Les feuilletonistes publient leurs romans sous forme de feuilletons dans les journaux. Les bons feuilletons multiplient les ventes de la presse, et les bons feuilletonistes sont donc très recherchés, et bien payés, souvent « à la ligne ». Le roman-feuilleton devient un genre littéraire, les écrivains « tirent à la ligne » (font de longues descriptions, digressions, etc … pour être payés davantage), utilisent des « ficelles » narratives, des rebondissements incessants, afin que le lecteur soit incité à acheter le numéro suivant. Retour

Archétype : Un archétype est un modèle général, une représentation idéale d'un sujet. Retour

Bibliographie (abrégée) de Hugo :

Romans

1829 *Le Dernier jour d'un condamné*
1831 *Notre-Dame de Paris*
1834 *Claude Gueux*
1862 *Les Travailleurs de la mer*
1874 *Quatrevingt-treize*

Poésies
1826 *Odes et Ballades*
1829 *Les Orientales*
1831 *Les Feuilles d'Automne*
1835 *Les Chants du crépuscule*
1837 *Les Voix intérieures*
1840 *Les Rayons et les Ombres*
1853 *Les Châtiments*
1856 *Les Contemplations*
1877 *L'Art d'être grand-père*

Théâtre
1827 *Cromwell*
1830 *Hernani*
1833 *Lucrèce Borgia, Marie Tudor*
1838 Ruy Blas

Liens utiles

Les Misérables, en version audio gratuite

Les Misérables, éd. originale de 1862 sur Gallica, la bibliothèque numérique de la BNF:

1re partie Fantine I ;

1re partie Fantine II ;

2e partie Cosette I ;

2e partie Cosette II ;

3e partie Marius I ;

3e partie Marius II ;

4e partie L'idylle rue Plumet et l'épopée rue Saint-Denis I ;

4e partie L'idylle rue Plumet et l'épopée rue Saint-Denis II ;

5e partie Jean Valjean I ;

5e partie Jean Valjean II.

L'auteur de cette étude

Né en 1964, Thierry DUC, Docteur ès Lettres (Paris-Sorbonne), romancier, a derrière lui une longue carrière d'enseignant : Universités de Bordeaux III et de Schoelcher (Martinique), différents collèges ou lycées, Prépa concours …. Il souhaite dans la collection « En un clin d'oeil » mettre sa connaissance de la littérature et ses compétences de pédagogue au service de ceux et celles qui veulent découvrir les plus grandes œuvres de notre littérature.

Copyright © Thierry DUC, 2015.

Collection « En un clin d'oeil »®

All rights reserved

thierryduc.auteur@gmail.com

---

www.ingramcontent.com/pod-product-compliance
Lightning Source LLC
LaVergne TN
LVHW050622200726

843508LV00010B/1969